はじめに

　2016（平成28）年3月26日、待望の北海道新幹線開業に伴うJRの時刻改正が行われた。これを前にして同年3月21日限りで特急「スーパー白鳥」「白鳥」が廃止となった。大阪～青森間の特急「白鳥」の時代から、1年9ヶ月の空白期間を経て、八戸～青森～函館間の「スーパー白鳥」「白鳥」の約14年を加えると、実に55年近い長いあゆみを終えたことになる。

　大阪～青森間の「白鳥」が誕生した1961（昭和36）年10月1日の時刻大改正では、国鉄は特急・急行列車の大増発により全国に高速列車網の整備を行い、これにより函館、奥羽、羽越、信越、北陸、山陰、日豊本線などに初めて特急列車が誕生した。この時新設された特急では「おおぞら」「つばさ」「かもめ」「みどり」「へいわ」「まつかぜ」などが思い出される。これらのなかには、運転区間は異なるが今も名称が生きているものもあれば、すでに過去帳に入ってしまったものもある。そんななか、「白鳥」は、日本海縦貫線の長距離特急列車から東北新幹線のアクセス特急への転身はあったものの、「北海道連絡」という使命はずっと変わらなかった。

とは言え、大阪～青森間の運転では、昼行の特急としては最長の運転距離1040.0kmに、晩年の下り列車でも12時間47分を要し、車輌は他の列車と特に変わりのない485系であった。航空機に目を転じると、現在、大阪(伊丹)～青森間は、JAL系のJ-AIRが1日4往復、1時間30分で結んでおり、空港アクセスを含めても両都市の中心部は約3時間で到達できることになる。さらに大阪から道内の主要都市への連絡となると、スピードの点では全く勝負にならず、これでは航空機に軍配を上げざるを得ない現実もあった。

 こんな「白鳥」であるが、運転開始当初は、道内特急の「おおぞら」と連絡して、大阪～札幌間の連絡を25時間台で結ぶという行程を実現し、さらに関東～北陸間の初の特急列車という役目をも担っていた。ここでは2016(平成28)年3月26日の北海道新幹線開業による終焉まで、通算55年近いあゆみの、その時々の状況の軌跡を振り返って見よう。
 「白鳥」はまず準急からのスタートである。

日本海に沿って遠く離れた大阪を目指す4002D「白鳥」。この時期の「白鳥」は全区間でキロ2輌、キシ1輌を組み込んだ13輌編成であった。　　　　　　　　1972.6.1　吹浦―小砂川　P：久保田久雄

初日の4001D「白鳥」青森行がテープカットを待つ。約40年に渡る旅路の始まりである。
1961.10.1　大阪　提供：澤田節夫

昭和36年10月改正で運転開始される特急列車用として落成したばかりのキハ80系。この改正では「白鳥」のほか、関西地区から各地を結ぶディーゼル特急として「まつかぜ」「かもめ」「へいわ」が誕生した。
1961.7.19　梅小路機関区　P：星　晃

1．気動車準急「白鳥」

　1960(昭和35)年12月28日、秋田～青森～鮫間を結ぶビジネス準急が誕生した。

・準急605D「白鳥」
　　秋田 7：27 → 青森10：57 → 鮫　13：00
・準急606D「白鳥」
　　鮫　15：40 → 青森17：43 → 秋田21：05

　この時の「白鳥」の由来は、青森県小湊に飛来する白鳥に因むものであった。それまで秋田～青森間は都市間連絡の優等列車は皆無で、急行「津軽」と「日本海」が頼りであった。新設された「白鳥」はキハ26形3輌編成で、このため地元の利用債を含め4輌の気動車が秋田機関区に配置された。

　日本国有鉄道監修『時刻表』(現・『JTB時刻表』)では1961(昭和36)年9月号までは準急「白鳥」として掲載されていたが、1961(昭和36)年10月1日、後述の大阪～青森間をロングランする特急列車を「白鳥」と命名するため、準急「白鳥」は予告なく「岩木」と改称された。このため初代の「白鳥」は、設定期間がわずか10ヶ月4日と短命な愛称となった。なお、変更された「岩木」の愛称名は、水戸～郡山～仙台間を磐越東線経由で結ぶ準急「いわき」と読み方が重複していた。

2．気動車特急「白鳥」誕生

■日本海縦貫線初の特急列車

　1961(昭和36)年10月1日、大阪～青森間を東海道・北陸・信越・羽越・奥羽線経由の日本海縦貫線で結ぶ特急「白鳥」が誕生した。同時に上野～大阪間の特急列車も併結する形で大阪～青森・上野間の列車とした。

・2001D「白鳥」　　　大阪8：05 → 青森23：50
・2001D～2004D　　　〃　　　　→ 上野20：35
・2002D「白鳥」　　　青森5：20 → 大阪21：12
・2003D～2002D　　　上野8：50 →　　〃

　今回の「白鳥」の由来は、新潟県の羽越本線水原付近にある瓢湖に飛来する白鳥に因むものであった。特急「白鳥」は京阪神と北海道への連絡特急であるとともに、関西～北陸・北陸～首都圏間を結ぶ多目的な列車として期待された。

　当初の大阪～青森間の運転距離は1052.9kmで、2001(平成13)年3月廃止時は1040.0kmであった。異なる区間は、山科～近江塩津間が東海道・米原経由であること、敦賀～今庄間が杉津越えであること、新津から新潟を経由せずストレートに羽越本線に入っている3点であった。

　当初の大阪～青森間は下りで15時間45分、改正前の

北陸本線での試運転。日本海縦貫線への初の特急列車として沿線では大きな注目を集めた。
　　1961.9.5　高岡　P：星　晃

急行501レ「日本海」の22時間56分を一挙に7時間11分もスピードアップした。大阪〜札幌間の改正前の連絡は、急行501・502レ「日本海」から青函航路が11・12便、函館〜札幌間は小樽経由の"山線"をC62重連で挑む急行1・2レ「大雪」に乗車して35時間52分を要した。つまり2夜行が必要であった。これが改正後は特急「白鳥」から青函航路は夜行の1・2便を介し函館〜旭川間気動車特急1D・2D「おおぞら」に接続した。大阪〜札幌間は25時間20分にスピードアップ、10時間32分短縮された。青函航路が真夜中になり、乗換えなどで睡眠不足となるものの1夜行で到達するようになった効果は大きい。

　この「白鳥」から「おおぞら」、あるいは「おおぞら」から「白鳥」へ連絡して乗車する場合は1枚の特別急行券で、各々の列車の座席指定を記入した結合特急券が発行された。かならずしも通常号車や席番は同一でなか

北陸本線を快走するキハ80系の試運転列車。　　　　　　　　　　　　　　　　　　　　　　1961.9.5　P：星　晃

運転開始当日の大阪行「信越白鳥」の食堂車。「日本海白鳥」と「信越白鳥」が併結する直江津〜大阪間では1列車に2輛の食堂車が連結されることとなった。
1961.10.1　P：星　晃

　ったが、青函航路では前途の指定券を有する乗客は優先的に乗船ができた。

　一方、上野〜大阪間の列車は碓氷峠を越える初めての特急で、12時間30分で運転した。横川〜軽井沢間では横川側に4輛のED42形電気機関車が連結された。直江津経由で上野〜大阪間を直通する乗客は物珍しさを好む人は別としてほとんどいないと思われた。したがって上野〜金沢間の運転とすることも検討されたが、関西〜北陸間の輸送力が不足するためそのまま直通させたと言われている。乗車券ファンにとっては垂涎の、上野〜大阪間が1枚の常備の特別急行券もあるようであるが、通常は直江津や金沢で座席が変わる発売方法を取るようにしていたようだ。

　車輛は「急行倍増、特急3倍増」とするダイヤ改正の立役者であるキハ80系気動車であった。12輛編成であるが、1〜6号車は大阪〜上野間で尾久客車区（東オク）の受持ちで「信越白鳥」（直江津〜上野間は逆編成、1号車が上野方となる）、7〜12号車は向日町運転区（大ムコ）の受持ちで「日本海白鳥」と称した。編成中には2輛の食堂車が連結され、営業はともに日本食堂であったが、「信越白鳥」は上野営業所、「日本海白鳥」は青森営業所の受持ちで互いに味にしのぎを削ったと言われる（編成図1）。

　「白鳥」にはさまざまなエピソードが生まれた。これらを検証して見よう。

■編成図1　1961（昭和36）年10月1日改正

←大阪　　　　　　　　　　　　　→青森・上野

①	②	③	④	⑤	⑥	⑦	⑧	⑨	⑩	⑪	⑫
キハ82	キロ80	キシ80	キハ80	キハ80	キハ82	キハ82	キハ80	キシ80	キロ80	キハ80	キハ82

大阪〜上野（1〜6：東オク）　　大阪〜青森（7〜12：大ムコ）
（直江津〜上野間逆編成）

上野〜大阪の行程を示す「信越白鳥」車内の位置表示器。
1961.10.1　P：星　晃

（Ⅰ）秋田駅の同時発車

「白鳥」と同時に、上野～秋田間には特急５Ｄ・６Ｄ「つばさ」が運転を開始した。同じキハ80系６輌編成であった。「つばさ」は次の時刻で運転された。
・５Ｄ「つばさ」　上野12：30 → 秋田21：00
・６Ｄ「つばさ」　秋田 8：10 → 上野16：40

「つばさ」は秋田で「白鳥」に連絡し、特急「白鳥」は2001Ｄが秋田着20：59、秋田発21：02で、大館・弘前方面への便を図った。やはり結合特急券が発行された。ところで2002Ｄの場合は秋田着８：07、秋田発８：10で、「つばさ」と同じ時刻の発車となった。秋田市では初めての特急列車であり、秋田駅を発車して福島寄りの踏切付近の、羽越本線と奥羽本線が別れる所までは「白鳥」「つばさ」がデッドヒートを演ずるセレモニーが１日１回繰り広げられた。当時、特急列車そのものがまだまだ珍しい時代で、秋田で見られる初めての特急とあって、この光景を見物する市民が毎日見られた。ただし秋田駅での客扱いの関係で「白鳥」と「つばさ」のどちらかが遅れ、並ばないこともしばしばあったようだ。

この秋田駅の「白鳥」と「つばさ」の同時発車は1965（昭和40）年10月１日の時刻改正で、2002Ｄ「白鳥」の発車が７：32と大幅に改正となり、以後は見られなくなった。

（Ⅱ）変則停車

「白鳥」の運転開始当時は停車駅が極めて少なく、県庁所在駅以外は１県１駅が原則であった。当時の特急列車の使命は地域間輸送で、中近距離のビジネス客や観光客の輸送は急行・準急列車の利用が普通であっ

運転開始当日の大阪行「信越白鳥」のキロ80。首都圏～北陸間でも初の特急列車であった。　　　　　　　　1961.10.1　Ｐ：星　晃

た。「白鳥」の場合、横川・軽井沢・直江津は特急停車駅と指定されていないが、運転上停車せざるを得ないので、客扱いする駅とされた程である。

したがって停車駅を極力制限したため、停車駅が接近した場合は両方の駅のカオを立てて上下列車の停車駅を振り分けた。たとえば石川県内では金沢駅のみは確定であるが、山中・山代・片山津などの温泉地を控えた最寄り駅も変則停車にして、下リは大聖寺・上リは動橋に調整したのであった。

その後1964（昭和39）年12月25日に大阪～富山間に電車特急「雷鳥」が新設となり、「白鳥」の停車駅は動橋、「雷鳥」の停車駅を大聖寺に振り分けして変則停車を解消した。さらに1970（昭和45）年12月15日、加賀温泉郷の中心駅として作見が加賀温泉駅に改称され、駅前から主な温泉地へ向かう定期バスが整備された。これにより特急停車駅も原則として加賀温泉駅とされたため、以後はこのような問題は起きていない。

◀直江津での大阪行「信越白鳥」と「日本海白鳥」の併結作業。貫通扉を開けているのは上野から「信越白鳥」の先頭に立ってきた６号車で、写真奥が上野方。数分後に青森からの「日本海白鳥」が７号車を先頭に入線して連結する。
　　　　1961.10.1　直江津
　　　　　　　Ｐ：星　晃

▶（次頁）昭和36年10月１日改正、昭和37年４月１日訂補の北陸本線運行図表（「白鳥」の運転部分を抜粋）。
　　　　　　所蔵：三宅俊彦

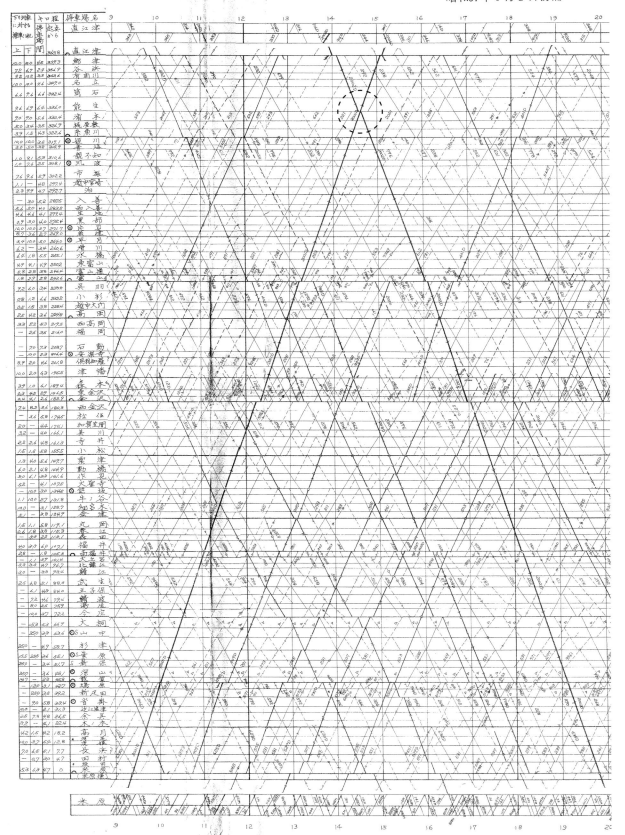
北陸本線列車ダイヤ　昭和36年10月1日改正／昭和37年4月1日訂補

(Ⅲ) 能生駅騒動

36-10以前は優等列車同士が小さい駅で交換することは稀で、仮に交換停車する場合は客車列車が多いため客扱いすることが原則であった。しかし1961(昭和36)年10月1日の時刻改正で特急が増発された影響で、特急は停車するものの、運転上の停車で客扱いをしない例が生まれた。例えば長崎本線肥前七浦駅では下リ「さくら」と上り「かもめ」が交換した。この場合、「さくら」が運転停車し、「かもめ」は通過した。今日ではあたりまえの光景も、当時は珍しい現象であった。

本題の「白鳥」の場合は上下列車が北陸本線能生駅で交換するため上り列車が停車することになった。これを客扱い停車するものと思い込み地元の能生町や隣接の糸魚川市も特急が停車するため大歓迎したが、現実は運転停車で客扱いしなかったのである。これが「能生駅騒動」であった。

「北陸本線列車ダイヤ」昭和36年10月1日改正で検証してみよう。当時の能生駅は日本海岸の潮騒が聞こえる静かな駅だった。現在の能生駅は複線化工事の際、山側に築堤をつくり1969(昭和44)年に移転しており、面影はない。能生駅にはまず221レが14：25に3番線に到着する。C57形が牽引する今庄発直江津行きの普通列車で、ここで上下「白鳥」を待避する。続いて青森発の2002D「白鳥」が14：30に2番線に到着する。ドアは閉じられたままで客扱いはしない。まもなく大阪発の2001D「白鳥」が14：32に1番線を通過する。通過を待って2002D「白鳥」が14：34に2番線から発車する。やがて忘れられていたような221レが14：48に3番線から発車してドラマは終わり、元の静かな駅に戻る。この様子を示すのが上の能生駅のダイヤ拡大図である。

一般に同じ愛称の上下の列車(これを姉妹列車と呼ぶ)は午前2～3時または午後2～3時(14～15時)にすれ違うように設定されている。このようにすると、同一使命の1ペアの長距離列車が有効時間帯に利用できるとされた。「白鳥」では青函連絡船の深夜便や大阪、札幌での発着時刻を決めると、14～15時にすれ違うこととなる。

当時の新聞のスクラップブックをめくって行くと、「朝日新聞」昭和36年10月3日付には「ぬか喜びの特急停車　国鉄が不手際」の記事が出てきた。この記事を読み返すと、どうも国鉄本社と金沢鉄道管理局で認識のズレがあったようだ。事実、金沢鉄道管理局作成の「北陸本線列車ダイヤ」昭和36年10月1日改正では、

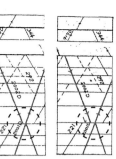

■能生駅付近のダイヤ拡大図

1961年10月1日改正　　1962年6月10日改正

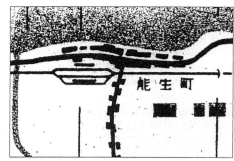

■能生駅配線図

ぬか喜びの特急停車
北陸線能生駅　国鉄が不手際

【金沢】国鉄のダイヤ改正で新しく走り出した豪華寝台特急「白鳥」を迎えて、一日午後二時三十四分、北陸線能生町＝(のう)駅＝新潟県西頸城郡能生町＝はお祭り騒ぎだった。ホームでは婦人会の四十人がそろいのユカタで踊るやら、機関士に花束を贈るやら、いまでも運急さえも止まらなかったのだがこの駅に特急が止まるという大きな喜びだった。あとから降りるという乗客をしめきり「降りる」「乗せろ」でアヤふやな「白鳥」はそのまま発車してしまった。

列車の待ち合わせのため止まっただけで、すれ違いをさせていた国鉄当局の不手際を、地元にツミなカン違いをさせた国鉄当局の不手際だ、と当時までに本社から出した「上り」だけ四分半ほどまるが客扱いはしないと説明、交通公社の時刻表でも特急は止まらないとなっている。ところが金沢鉄道管理局では、国鉄本社が九月初めに新ダイヤを発表した時には、能生駅には運転の都合上「上り」だけ四分

半ばまるが客扱いはしないと説明、交通公社の時刻表でもこの市町村も大喜びだっただけにも衆目に残念だ。

運転の都合とはいえ、とにかく停車するのだから、今後は何とか乗り降りさせてくれるよう国鉄本社に運動するつもり」と、ふんまんやるかたない表情だ。

小笠原忠治能生町助役は「当局だけでなく青海、糸魚川など近くの市町村も大喜びだっただけに残念。当町でも時刻表を印刷して各方面に配ったりしていたのに弱りました。

とはいえ、とにかく停車するのだから、今後は何とか乗り降りさせてくれるよう国鉄本社に運動するつもり」と、ふんまんやるかたない表情だ。

聞では、この四分半の待ち合わせ時間で客扱いもすると思いこみ「特急停車」の時刻表をつくって管内各駅に張り出した。結局は国鉄側の連絡が不十分だったわけだけど、本社旅客課ではない。

1961年10月3日朝日新聞より

「白鳥」交換の舞台となった能生駅。C57牽引の直江津行221列車(右)が3番線でしばらく停車していると、2番線に2002D上り「白鳥」が入線してくる。停車するものの扉は開かない。　　　　　　　　　　　　　　　　　　　　　　　　　　　　　　　1962.8.30　能生　P：林　嶢

2002Dの運転停車の記号(小さな矢印)が記入されておらず、停車するつもりであったと思われる。このことは能生駅のダイヤ拡大図からその様子が良く分かる。次の1962(昭和37)年6月10日改正では、2002Dは運転停車の記号が記入されていることでも明らかである。

その後「白鳥」のすれ違いは1965(昭和40)年10月1日の時刻改正で、直江津寄りの隣り駅である筒石に変更となった。さらに1968(昭和43)年10月1日の時刻改正で、今度は米原寄りの隣駅の浦本〜能生間にある木浦信号場に変更となった。そして1969(昭和44)年9月29日には、浦本〜有間川間を最後に北陸本線は全線複線化が完成。同年10月1日の時刻改正では、「白鳥」は糸魚川‐梶屋敷間ですれ違うようになり、この騒動も語り草となった。

2番線で待避する上り大阪行2002D(左)の横を下り青森行2001D(右)が通過していく。　　　　　　　　　　　　　　　1962.8.30　能生　P：林　嶢

◀横川駅で発車を待つ
2003D「信越白鳥」。
1962.7.11　横川
P：三宅俊彦

アプト終焉の迫る中、マークを取付けて「白鳥」をプッシュするED42 22。　1963年　提供：澤田節夫

▲4輌のED42にプッシュされて碓氷峠に挑む2003D「信越白鳥」。　1962.5　P：浅原信彦

▶7輌化後の2003D「信越白鳥」。ED42は同じ4輌ながら前後に連結されるようになった。碓氷峠のアプト式鉄道73年の歴史のなかで、この「白鳥」が唯一の特急列車であった。　1963.9　P：浅原信彦

■北陸トンネル開通

近江塩津～新疋田間にあった沓掛信号場に入線する下り2001D。この信号場もやがて複線化とともに姿を消した。
1962.3.4　近江塩津－沓掛(信)　P：中井良彦

1962(昭和37)年6月10日、北陸本線敦賀～今庄間の北陸トンネル開通および福井電化に伴う時刻改正が行われ、敦賀～今庄間は7.1キロ短縮された。「白鳥」は前日の6月9日から北陸トンネル経由に変更され、2001Dが大阪発8：15、2002Dの大阪着を21：07として、下り10分、上り5分スピードアップとなった。

これに合わせ郵政省では「北陸トンネル開通」の記念切手を発行した。これは北陸トンネル敦賀口から「白鳥」が出る構図であったが、鉄道側のチェックが十分でなかったのか、トンネル内の架線の留め具や通信線の張り方、照明具などにエラーがあることが発行後に指摘された。

1963(昭和38)年4月20日、昭和38年度第1次時刻改正では向日町運転区にキハ80形3輌が新製配置され、さらに尾久客車区が急行用気動車の増備により容量不足になり「信越白鳥」用のキハ80系が尾久から向日町区に移管された。その内訳はキハ80形5輌、キハ82形5輌、キロ80形2輌、キシ80形2輌で、キハ80系14輌が転属したことになる。これにより「信越白鳥」は7輌編成となった。また1963(昭和38)年7～11月にかけキハ80系が、向日町運転区に9輌増備された(編成図2)。

1963(昭和38)年10月1日の時刻改正では「日本海白

杉津越えの旧線を行く下り2001D。このスイッチバック式の山中信号場も約1ヶ月後の北陸トンネル開通とともに廃止された。
1962.5.4　山中(信)　P：相澤靖浩

「信越白鳥」の分離後、新潟回転の編成を含む14輌という長大編成となった「白鳥」。　　　　　1966.2.3　坂田付近　P：中井良彦

鳥」も7輌編成となり、大阪～直江津間は14輌に増強されたことになる(編成図3)。「信越白鳥」は横川－軽井沢間のアプト式の廃止により10数分短縮された。

- 2001D～2004D「白鳥」

　大阪8：15 → 上野20：24

- 2003D～2002D「白鳥」

　上野9：05 → 大阪21：07

翌1964(昭和39)年10月1日の時刻改正では、上りの2004Dの上野着は20：20と、さらに4分短縮された。

同年12月25日には、大阪～富山間電車特急「雷鳥」が新設され、前述の通り「白鳥」の停車駅を動橋、「雷鳥」の停車駅を大聖寺に統一された。

■「信越白鳥」独立

1965(昭和40)年10月1日、"36-10"以来4年ぶりに時刻大改正が実施された。大阪～青森・上野間「白鳥」は「信越白鳥」が独立し、上野～金沢間(信越本線経由)特急1001D・1002D「はくたか」が新設された。この分離により輸送力が増強されたことになる。

向日町運転所(大ムコ)から金沢運転所(金サワ)にキハ80系20輌転属し「はくたか」は金沢で受持つことになった。これにより「白鳥」は大阪～青森間を単独で運転するようになり、新潟・白新線経由に変更。大阪～新潟間は14輌、新潟～青森間は10輌に編成が増強された(編成図4)。

運転時刻は、新潟経由となり16.5キロ延伸したことと、増結車の解結のため新潟駅で5分停車するようになったため次の時刻となった。

■編成図2　1963(昭和38)年4月20日改正

■編成図3　1963(昭和38)年10月1日改正

■編成図4　1965(昭和40)年10月1日改正

←大阪													→青森
①	②	③	④	⑤	⑥	⑦	⑧	⑨	⑩	⑪	⑫	⑬	⑭
キハ82	キハ80	キハ80	キハ80	キシ80	キロ80	キハ82	キハ82	キハ80	キハ80	キシ80	キロ80	キハ80	キハ82

　　└─大阪～新潟─┘　　└──大阪～青森(新潟～青森間逆編成)──┘
　　　　　　　　　　　　　　　　(1～14：大ムコ)

- 2001D「白鳥」　　大阪 8：00 → 青森23：35
- 2002D「白鳥」　　青森 4：40 → 大阪20：40
- 1001D「はくたか」　上野 7：40 → 金沢15：30
- 1002D「はくたか」　金沢13：00 → 上野21：00

この1965(昭和40)年度の向日町運転所はキハ80系の新製、転入・転属が多く、前年度より配置が50輌増加した。

冬の筒石を行く下り2001D。特急「白鳥」のあゆみは日本海縦貫線の近代化とともにあった。この筒石付近もこの年10月には複線化とともに長大トンネルを経由する新線に切替られている。
1969.2.23　筒石―西名立(信)　P：中井良彦

大阪駅で発車を待つ下り2001D。　　　　　　　　　　　　　　　　　　　　　　　　　1968.8.7　大阪　P：澤田節夫

電化直前、すでに架線が張られた羽越本線を行く上り4002D。「白鳥」電車化まであと2ヶ月。　1972.8.3　今川(信)－桑川　P：三宅俊彦

富山駅で「雷鳥」と並んだキハ80系最終日の下り4001D「白鳥」。この頃には5・11号車にキハ82を組み込む編成となっていた。
1972.9.29　富山　P：服部重敬

■万博前夜の「白鳥」

　1968(昭和43)年10月1日の時刻大改正では、次のような時刻となり、下りは20分以上・上りは30分以上のスピードアップとなった。
・2001D「白鳥」　大阪8：30 → 青森23：40
・2002D「白鳥」　青森4：40 → 大阪20：03

　翌1969(昭和44)年10月1日の時刻改正では、北陸本線・信越本線の全線電化が完成した。「白鳥」は次のような時刻となり、さらに下り10分・上り5分のスピードアップとなった。
・2001D「白鳥」　大阪8：40 → 青森23：40
・2002D「白鳥」　青森4：45 → 大阪20：03

　この改正で、日本海縦貫線は新潟までの電化が完成したため、「白鳥」を補完する特急列車として大阪〜新潟間に電車特急「北越」が設定された。

　またこの時刻改正で、上野〜金沢間特急1001D・1002D「はくたか」は電車化され、同時に碓氷峠の急勾配を避けて上越線経由に変更され、4年間の気動車特急時代を終えた。

　大阪〜新潟間電車特急「北越」は大阪の万国博覧会開催を前にして1970(昭和45)年2月28日から運転開始した。これに伴い「白鳥」は1輌減車して13輌となり、全車大阪〜青森間を直通するように変更となった(編成図5)。

■運転開始から1時間短縮

　1971(昭和46)年10月1日の時刻改正では、奥羽北線秋田〜青森間の電化完成もあり、さらに下り5分・上り15分のスピードアップとなった。
・2001D「白鳥」　大阪8：40 → 青森23：35
・2002D「白鳥」　青森5：00 → 大阪20：03

　この改正を前にして同年9月15日、キハ82が一方向に偏っているため上下方向のバランスを図るため編成の組み替えが行われた(編成図6)。

　1972(昭和47)年3月15日、山陽新幹線岡山開業に伴う時刻大改正が実施された。この改正で「白鳥」の列車番号は4001D・4002Dに変更され、さらにスピードアップとした。"36-10"に比べ下り1時間5分、上り1時間17分の短縮となった。
・4001D「白鳥」　大阪9：10 → 青森23：50
・4002D「白鳥」　青森4：55 → 大阪19：30

■編成図5　1970(昭和45)年3月1日改正

←大阪　　　　　　　　　　　　　　　　→青森
①	②	③	④	⑤	⑥	⑦	⑧	⑨	⑩	⑪	⑫	⑬
キハ82	キハ80	キハ80	キハ82	キハ80	キハ82	キハ80	キハ80	キハ80	キシ80	キロ80	キロ80	キハ82

(新潟〜青森間逆編成)　　　　　　　　　　　　(大ムコ)

■編成図6　1971(昭和46)年9月1日改正

←大阪　　　　　　　　　　　　　　　　→青森
①	②	③	④	⑤	⑥	⑦	⑧	⑨	⑩	⑪	⑫	⑬
キハ82	キハ80	キハ80	キハ80	キハ82	キハ80	キハ80	キハ80	キシ80	キロ80	キロ80	キハ80	キハ82

(新潟〜青森間逆編成)　　　　　　　　　　　　(大ムコ)

大阪駅18時48分。青森から約14時間の旅路を終えた「白鳥」が羽根を休める。　1972.10　大阪　P：服部重敬

3. 電車特急「白鳥」誕生

1972(昭和47)年8月5日から羽越本線・白新線の電気運転が開始された。これにより日本海縦貫線は全線の電化が完成したことになる。

1972(昭和47)年10月2日、羽越本線新津〜秋田間、白新線新発田〜新潟間電化完成に伴う時刻改正が実施された。大きなダイヤ改正は通常10月1日とすることが多いのだが、この年は10月1日が日曜日で、貨物列車は日曜日に運休し月曜日からスタートする方が良いとされ、2日となった。国鉄本社の関係部局が用意したこの時刻改正に伴う「列車移り変わり方」の資料はB4判約90ページにも及ぶものであった。

改正の目玉は、気動車特急の「白鳥」および上野〜秋田間「いなほ」が電車化されたことである。

「白鳥」は早期置替計画により同年9月30日から電車化され、臨時電車特急9001M・9002Mとして運転された。改正後は後述のように青森運転所の485系13輌編成で運転されるが、9月30日の大阪発の9001Mの車輌は予め9月18日に青森から向日町へ回送して充当された。9月30日の青森発の9002Mの車輌は青森から出区するから問題はなく、10月1日の大阪発の9001Mの車輌は前日の9002Mから運用して、以後は改正後の運用表に従うようにされた。

下りの「白鳥」は1972(昭和47)年3月15日の時刻改正より1時間短縮された。

・4001M「白鳥」 大阪10：10 → 青森23：50
・4002M「白鳥」 青森4：50 → 大阪18：48

青森運転所の特急用電車の配置は、これまで東北本線・常磐線の特急「はつかり」や「ゆうづる」用などの583系のみであったが、この改正を機に485系がはじめて130輌配置となり、さらに同年11月には154輌の配置となった。これにより8M4Tの12輌編成10本、8M5Tの13輌編成2本を組成されることにな

■編成図7　1972(昭和47)年10月2日改正
●「ひばり」「やまびこ」「いなほ」用12輌編成

←上野											→青森
①	②	③	④	⑤	⑥	⑦	⑧	⑨	⑩	⑪	⑫
クハ481	サロ481	モハ484	モハ485	モハ484	モハ485	サシ481	モハ484	モハ485	モハ484	モハ485	クハ481

（盛アオ）

●「白鳥」用13輌編成

←大阪												→青森
①	②	③	④	⑤	⑥	⑦	⑧	⑨	⑩	⑪	⑫	⑬
クハ481	モハ484	モハ485	モハ484	モハ485	サシ481	モハ484	モハ485	モハ484	モハ485	サロ481	サロ481	クハ481

（新潟〜青森間逆編成）　　　　　　　　（盛アオ）

った。当初はボンネット型の0番代が見られたが、その後向日町へ転属し、次第に貫通型の200番代で揃えられた。1973(昭和48)年3月までには新製車の落成により186輌となり、8001M・8002M「はつかり3号」が増発された。

ところで青森運転所で受け持ちの485系の編成は12輌編成と13輌編成の2種類であった（編成図7）。

12輌編成は、上野〜仙台間「ひばり」4往復、上野〜盛岡間「やまびこ」3往復、上野〜秋田〜青森間（羽越本線経由）「いなほ」2往復（うち1往復は気動車の置き替え）にA21〜A29で運用した。

これらの運用では基地へ戻れないことになるので、「青森いなほ」は毎週火〜水曜日にA28で秋田〜青森

クハ481-117を先頭にした堂々13輌編成で快走する上り4002M。ボンネット型の先頭車は間もなく青森運転所から転出したため、「白鳥」ではしばらく見られなくなった。　　　　　　　　　　　　　　　1972.12.27　酒田－東酒田　P：久保田久雄

運用表1－1　1972(昭和47)年10月改正　4001D・4002D「白鳥」を485系13輌運用とする移り変わり運用図表

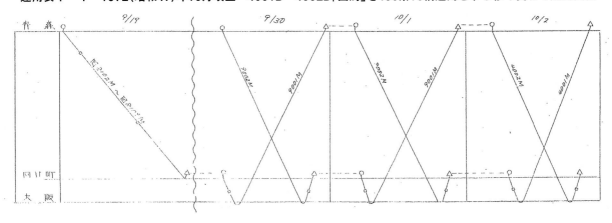

23

電車化当初の13輛編成は新潟方にサロ2輛を組み込んだ「白鳥」専用の編成であった。　　1977.10.12　小砂川—吹浦　P：久保田久雄

間を回送された。また「やまびこ」の間合いに毎週木～金曜日にA23～24で盛岡～青森間を回送されているのが特徴である。

なお、1973(昭和48)年3月24日、「はつかり」1往復が毎日運転の臨時列車として設定された。485系による「はつかり」の運用はこれが初めてである。これにより12輛編成の運用はA21～A30となった。

13輛編成は、この改正で電車化された大阪～青森間4001M・4002M「白鳥」専用で、A31(4002M)～A32(4001M)で運用された。12輛編成にサロ481形が1輛追加され、サロが2輛入った編成であった。これは気動車時代14輛編成中キロ2輛の実績に基づくものである。13輛編成は485系のなかで最長の編成による運用となった。

13輛編成の場合は12輛編成と同一方向に揃えられているが、「白鳥」の順位票は東海道本線や北陸本線に合わせたため、東北本線や奥羽本線とは逆になった。

1973(昭和48)年10月1日の改正では青森運転所の

新潟駅でスイッチバックするため停車中の「白鳥」。
1974.2.9　新潟　P：澤田節夫

運用表１−２　1972（昭和47）年10月改正　時刻改正前、当日の電車移り変わり方
東北・日本海縦貫・上信越線特急電車移り変わり運用図表

運用表１−３　1972（昭和47）年10月改正　東北・日本海縦貫・上信越線特急電車運用図表（青森運転所）

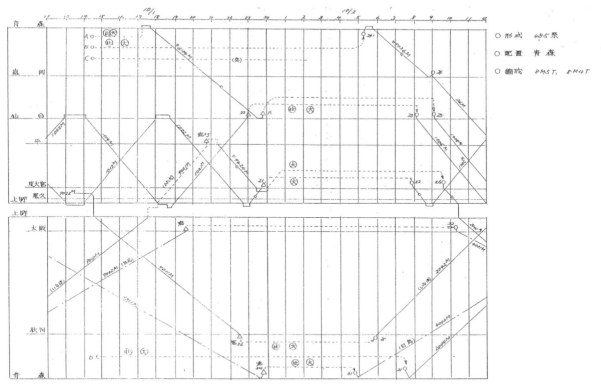

4002M上り「白鳥」の食堂車サシ481。約14時間の行程におけるオアシス的な存在であった。　　1974.2.9　新潟　P：澤田節夫

485系は254輛に増備され、12輛編成が17本となった。これにより「ひばり」5往復、「やまびこ」5往復、「はつかり」・「いなほ」各2往復を担当した。「はつかり」には同年3月24日、毎日運転の臨時列車1往復の定期格上げが含まれている。485系による「はつかり」の定期運用はこの改正が初めてであった。

青森の485系は「はつかり」の運用が加わったため盛岡〜青森間の回送はなくなった。また「やまびこ」は全列車が青森の担当となった。これで青森の485系の運用は12輛編成がA21〜A37、13輛編成がA38〜A39に変更となった。

ステンレスの食器が時代を感じさせる食堂車の昼食。
1974.2.9　新潟　P：澤田節夫

青森発車前の車内。発車は4時50分とあって外はまだ暗い。
1974.2.10　青森　P：澤田節夫

肘掛けのカバーが目立つグリーン車サロ481-55の車内。
1974.2.10　青森　P：澤田節夫

4. 湖西線経由でスピードアップ

■485系1500番代投入

　1975(昭和50)年3月10日、山陽新幹線博多開業に伴う時刻大改正が実施された。また関西〜北陸間の短絡と琵琶湖西岸の開発を目的に建設が進められていた湖西線山科〜近江塩津間74.1kmは前年7月20日に開業していたが、この改正で全面使用となり、大阪から米原経由の北陸方面への特急列車はすべて湖西線経由に変更され、大幅なスピードアップが実現した。山科〜米原〜近江塩津間は93.6kmで19.5kmの短縮となり、時間的には下り10分・上り23分の短縮となった。

・4001M「白鳥」　大阪10：20 → 青森23：50
・4002M「白鳥」　青森 4：50 → 大阪18：25

　湖西線の特急運転開始に伴い、「雷鳥」は増発され12往復体制となった。また新幹線米原口からの輸送力を確保するため、米原〜富山間に特急「加越」が6往復新設された。

　1975(昭和50)年3月10日の改正では、青森の485系の運用は12輌編成がA21〜A37、13輌編成がA38〜A39で運用本数は変わらないものの、仙台運転所との間で一部運用移管が実施され、「ひばり」は4往復

仮の愛称表示を取付けたクハ481形1500番代。「白鳥」の文字の下には使用されなかった「さちかぜ」の文字がわずかに見える。
　　　　　　　　　　　1974年頃　大阪　P：髙間恒雄

北海道初の電車特急である「いしかり」就役を前に「白鳥」で運転開始した485系1500番代。北海道には普通車のみモノクラスの6輌編成で投入されるため中間車は大阪方の2〜5号車のみが1500番代となった。
　　　　　　　　　　　1974.12.28　東富山―富山　P：服部重敬

1975.11　石動－倶利伽羅　P：浅原信彦

581系「しらさぎ」と並んだ「白鳥」。　　　　　　　　　　　　　　　　　　　　　　　　1975.10　富山　P：服部重敬

　に、上野〜山形間「やまばと」1往復を新たに担当するように変更された。

　車輌面から見ると、1974（昭和49）年4〜6月に落成した485系1500番代は耐寒耐雪設備を強化した函館本線の特急「いしかり」用であったが、北海道での使用が1年間遅れることになるため、青森運転所に仮配置となった。これらの車輌は原則的に「白鳥」に使用されることになり、1・13号車のクハ481形は屋根上の前照灯を2灯装備した独特のスタイルでロングランした。またモハ485・モハ484形1500番代は2〜5号車に充当された。

　1975（昭和50）年7月18日、札幌〜旭川間電車特急「いしかり」7往復の運転が開始され、485系1500番代は予定通り北海道へ渡って行った。青森のクハ481形はこれまで200番代が多く、貫通型のため冬季は厳しい運用となっていたが、次第に300番代の投入により改善されることとなった。

大阪駅に入線する485系1500番代による「白鳥」。1500番代は「白鳥」での活躍後、北海道に渡り「いしかり」に運用されたが、781系投入により再び青森運転所に戻ることになる。　　　　　　　　　　　　　　　　　　　　　　　　1974年頃　大阪　P：髙間恒雄

運用表2　1978(昭和53)年10月改正　東北・日本海縦貫・上信越線特急電車運用図表(青森運転所)

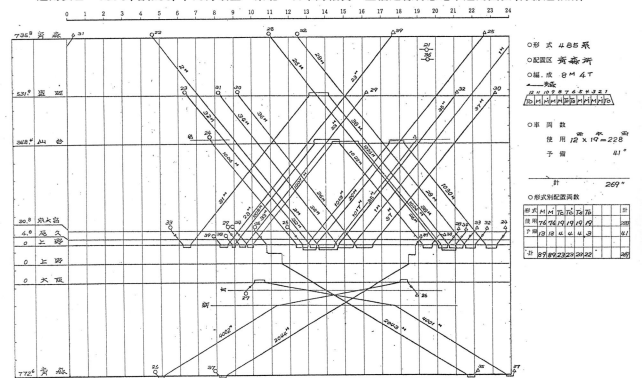

非貫通型のクハ481形300番代投入のころ。1500番代の渡道によりしばらく「白鳥」は200番代と300番代の2本立てとなった。

1975.10　富山　P：服部重敬

昭和53年10月改正を前に12輌編成に組み替えられた「白鳥」。この改正で「白鳥」は専用編成ではなくなり、サロも1輌のみとなった。
1978.9.8　藤島－鶴岡　P：久保田久雄

■「白鳥」12輌化

　1978(昭和53)年10月2日、時刻改正が実施された。この改正は、東北・上越新幹線の開業遅延に伴う、東日本主要幹線の特急輸送力の増強を行うもので、東日本の485系の編成を統一し、運用の効率化が図られた。また上野口における規格ダイヤの導入により、スピードダウンの改正となった。「白鳥」も下りのみ2分ダウンした。

・4001M「白鳥」　大阪10：18　→　青森23：50
・4002M「白鳥」　青森 4：50　→　大阪18：25

　一方、営業面では電車特急のヘッドマークが絵入りとなった。また愛称に付く号数が下り列車は奇数、上り列車は偶数とする、新幹線と同じ方式による命名となった。乗客には誤乗防止に有効な対策となり好評を得た。
　この1978(昭和53)年10月改正関係の移り替わり作業は約5ヶ月前からはじまった。東北地区の485系の編成は9・12・13輌の5種類あったが、これを9・12輌の2種類とし、12輌編成については秋田運転区の「つばさ」の編成に統一する作業が進められることになった。青森運転所の場合は、グリーン車の位置の変更が1978(昭和53)年6月15日から6月30日発で実施された。485系12輌編成の2号車のサロを6・7号車間に移し増6号車とし、7月1日からは順位票が一斉に差し替えられた。また13輌編成の特急「白鳥」は8月8・9日発から12号車のサロを抜き取り12輌編成として、8月25・26日発からは11号車のサロが6号車に移された。これにより青森の485系は編成図8のような編成に統一された。
　1978(昭和53)年10月改正でも青森の485系の使用は19本で変化はなかったが、受け持ち列車は「はつかり」3往復、「やまびこ」「ひばり」各4往復、「いなほ」

■編成図8　1978(昭和53)年10月2日改正

←大阪　　　　　　　　　　　　　　　　　　　　→青森

①	②	③	④	⑤	⑥	⑦	⑧	⑨	⑩	⑪	⑫
クハ481	モハ484	モハ485	モハ484	サロ481	サシ481	モハ484	モハ485	モハ484	モハ485	モハ484	クハ481

（新潟～青森間逆編成）　　　　　　　　　　　　　（盛アオ）

「白鳥」各1往復とされ、編成統一により共通運用とする合理化が図られた。またこの改正から「白鳥」の順位票は東北本線に合わせたため、改正前と逆になった。なおこの改正では栄光の1M・2M「はつかり11・2号」は583系から485系に置き替えになったことも特記しなければならない。
　車輌面では雪害対策強化のため、全車耐寒耐雪を強化した新製の1000番代、MM'×32、Tc×7、T'c×6の77輌が投入され、青森の485系は269輌配置の中で約29％を占めるようになった。0番代・200番代79輌が仙台運転所、金沢運転所、新潟運転所(183系に改造)に転出した。青森の485系は12輌編成に統一されたため、運用番号はA21～A39となり、「白鳥」はA26(4002M)～A27(4001M)で運用するようになり、これまでのような特別な編成で運転されていた優位性は無くなった。
　1980(昭和55)年10月1日改正でもこの運用は引き続き変わらなかった。ただし車輌面では札幌で余剰となった485系1500番代22輌が1980(昭和55)年6～9月に青森へ転属となった。これは札幌運転所に781系が試作車を含め48輌が配置となり、特急「いしかり」(改正後「ライラック」)を全面的に置替えたことによるものであったが、転入数と同じ輌数の485系が青森から南福岡電車区に転属したため、配置輌数や運用の変更はなかった。

5. 東北・上越新幹線開業と「白鳥」

■福井「白鳥」誕生

　1982(昭和57)年6月23日の東北新幹線大宮～盛岡間先行開業により、新幹線の運転本数に合わせ在来線の特急「やまびこ」4往復、「ひばり」6往復が廃止された。これにより運用が変更され、青森運転所の485系は「ひばり」の残り8往復のうち5往復を受け持った(「はつかり」「いなほ」「白鳥」は変更なし)。これはわずか半年間の暫定運用であった。配置輛数は228輛に減

2002M福井行「白鳥4号」の表示。昭和60年3月改正まで2年余のみ見られた。　　1982.11.15　酒田　P：久保田久雄

■編成図9　1982(昭和57)年11月15日改正

●「白鳥3・2号」

←大阪　　　　　　　　　　　　　　　　　　→青森

①	②	③	④	⑤	⑥	⑦	⑧	⑨	⑩	⑪	⑫
クハ481	モハ484	モハ485	モハ484	モハ485	サロ481	サシ481	モハ484	モハ485	モハ484	モハ485	クハ481

（新潟～青森間逆編成）　　　　　　　　　　　　　　　（盛アオ）

●「白鳥1・4号」

←福井　　　　　　　　　　　　　→青森

①	②	③	④	⑤	⑥	⑦	⑧	⑨
クハ481	モハ484	モハ485	モハ484	サロ481	モハ484	モハ485	モハ484	クハ481

（新潟～青森間逆編成）　　　　　　　（盛アオ）

少し、一部は南福岡電車区・鹿児島運転所に転属、また一部は189系に改造された。

　1982(昭和57)年11月15日、上越新幹線大宮～新潟間開業に伴い時刻大改正が実施された。本来10月に実施を目指していたのが、上越新幹線の工事中、中山トンネルの出水事故があり1ヶ月余遅れたのである。この改正では金沢～青森間気動車急行「しらゆき」が格上げされ、福井～青森間特急「白鳥1・4号」が増発された。これに伴い大阪～青森間の列車は「白鳥3・2号」と改称された。これまで1系統1列車だった特急「白鳥」が初めて2往復となった。「白鳥」にはそれまで

運用表3　1982(昭和57)年11月改正　東北・上信越・日本海縦貫線特急電車運用図表(青森運転所)

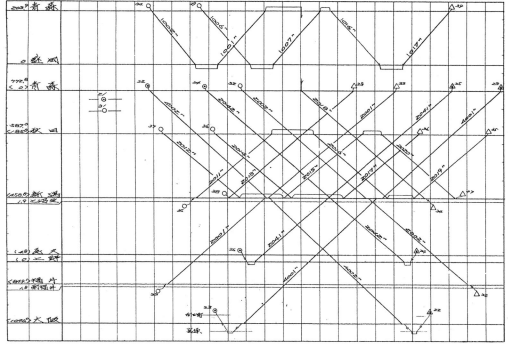

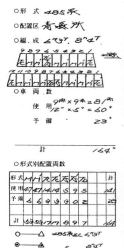

昭和57年10月改正で誕生した2002M福井行「白鳥4号」。9輌編成で「白鳥」としては初めて食堂車のない編成となった。
1984.5.16　村上－間島　P：久保田久雄

の地域間輸送よりも長岡で上越新幹線に接続する特急列車の一員としての使命が課せられたのである。
・2001M「白鳥1号」福井5：48 → 青森18：03
・4001M「白鳥3号」大阪9：55 → 青森23：51
・4002M「白鳥2号」青森4：50 → 大阪18：25
・2002M「白鳥4号」青森9：55 → 福井21：59

　4001Mが改正前より24分ダウンとなったが、これは新潟で17分も停車していることが影響していた。
　青森の485系は105輌が減少し164輌の配置となり、6M3T9輌編成9本、8M4T12輌編成5本となった。これは「白鳥」を除く長距離の昼行特急が終焉を迎えたことを意味した（編成図9）。

　12輌編成はA21～A25の運用で、大阪～青森間「白鳥3・2号」、上野～青森間「鳥海」（「いなほ」を改称）に運用された。9輌編成はA31～A39の運用で、盛岡～青森間に系統変更した「はつかり」3往復、新潟～秋田～青森間「いなほ」5往復、福井～青森間「白鳥1・4号」に運用された。かつてのような広域運用が減少したことと9輌編成は食堂車の連結がなく、サシの余剰車が出たことが伺われる。

上り4002M「白鳥2号」。大阪～青森間の「白鳥」は昭和57年10月改正前と編成・列車番号とも変更はなかったものの、列車名にはじめて号数が付されるようになった。
1984.9.23　上浜－小砂川　P：久保田久雄

1982.10.23　石動―倶利伽羅　P：服部重敬

クハ481-119先頭の4002M。電車化以来、12年余担当した青森運転所から気動車時代の向日町運転所に移管され、ボンネット型先頭車も再び運用されるようになった。しかし、他の電車特急同様、食堂車が外されてしまった。　　　　1985.3.16　南鳥海ー遊佐　P：久保田久雄

■向日町運転所に移管

　1985（昭和60）年3月14日、東北・上越新幹線上野開業に伴う時刻大改正が実施された。この改正で福井～青森間特急「白鳥1・4号」は上越新幹線のアクセス整備のため新潟で系統分割され、福井～新潟間は「北越」、新潟～青森（上りは秋田）間は「いなほ」に改称となった。これにより「白鳥」は再び大阪～青森間の1往復となった。

　この改正でこれまで青森で受け持っていた「白鳥」の車輌は向日町運転所へ移管された。「白鳥」は京都～新潟間で最高速度が120km/h運転に向上し、下り35分・上り13分スピードアップした。

・4001M「白鳥」　大阪10：30 → 青森23：51
・4002M「白鳥」　青森 4：50 → 大阪18：12

クハ481-205先頭の4002M。昭和60年3月改正では福井「白鳥」が「北越」「いなほ」に分割され、「白鳥」は再び1往復のみとなった。
　　　　1985.3.24　南鳥海ー遊佐　P：久保田久雄

運用表4　1985(昭和60)年3月改正　日本海縦貫線特急電車運用図表(向日町運転所)

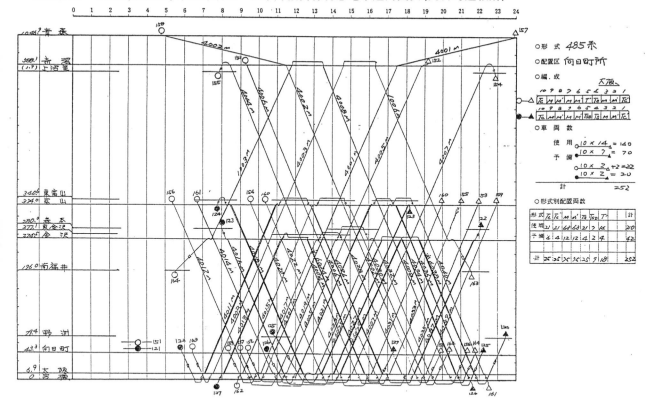

　青森運転所の485系の受け持ちは111輌に減少、4M2T6輌編成12本のみとなり、受け持ち列車は「はつかり」7往復、「いなほ」6往復、山形〜青森間「つばさ1・18号」および秋田〜青森間「むつ」となった。

　向日町運転所はこの改正で特急「雷鳥」の全列車を485系電車で受け持つことになった。改正前「雷鳥」2往復は同所の583系電車であったが485系に置き替え、金沢の485・489系で受け持ちの「雷鳥」も移管された。この結果、向日町の485系電車の配置は276輌に増加した。しかし食堂車はすべて廃止となり、在来線の電車特急の食堂車は全廃となった。

　編成はTs・TDを減車、6M4Tの10輌となった。21本使用の運用を2つに分離し、まずサシ481形をサロ481形500番代"だんらん"に改造し5号車に連結の7本はA121〜A127の運用で「雷鳥」7往復(うち季節2往復)に使用した。"だんらん"は畳敷きの和式電車で、この連結により「雷鳥」は大幅なイメージチェンジが図られることになった。

　残りの14本はMG・CP付きのT'車を連結した編成で、A151〜A164の運用で「雷鳥」11往復、「白鳥」「北越」各1往復に使用された。「白鳥」はA157(4001M)〜A158(4002M)で運用された(編成図10)。

　"だんらん"は1985(昭和60)年3月改正で「はやぶさ」用の"ロビーカー"と共に"列車の旅"を楽しむためのイメージアップを図る目玉になった。しかしそれと同時に昼行の特急では最長距離を走る「白鳥」から食堂車が外されたことは衝撃的であった。せめて「白鳥」に"だんらん"が連結されていればと思うが、これは輌数の関係から適わなかった。この改正から「白鳥」は「雷鳥」と共通運用となりボンネット型の先頭車が見られるようになった。絵入りのヘッドマークも大型になり、「白鳥」が誇らしげに羽ばたいて見えた。

■**編成図10　1985(昭和60)年3月14日改正**

●「雷鳥」(だんらん組み込み編成)

←大阪　　　　　　　　　　　　　　→富山

①	②	③	④	⑤	⑥	⑦	⑧	⑨	⑩
ク ハ 481	モ ハ 484	モ ハ 485	サ ロ 481	サ ロ 481⁵	モ ハ 484	モ ハ 485	モ ハ 484	モ ハ 485	ク ハ 481

5号車:「だんらん」　　　　　　　　　　(大ムコ)

●「白鳥」「雷鳥」「北越」

←大阪　　　　　　　　　　　　　　→青森

①	②	③	④	⑤	⑥	⑦	⑧	⑨	⑩
ク ハ 481	モ ハ 484	モ ハ 485	サ ロ 481	サ シ 481	モ ハ 484	モ ハ 485	モ ハ 484	モ ハ 485	ク ハ 481

(新潟〜青森間逆編成)　　　　　　　　(大ムコ)

向日町への移管から1年余で今度は上沼垂運転区に移管された「白鳥」。編成は9輌に、列車番号は5001M・5002Mとなり、その状態で新会社へ移行することとなった。
1987.8.7 羽前水沢－羽前大山　P：久保田久雄

運用表5　1986(昭和61)年11月改正　奥羽・羽越・信越・北陸・湖西特急電車運用図表(上沼垂運転区)

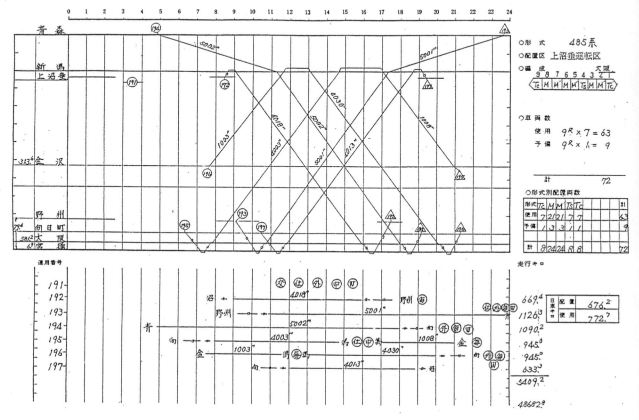

■上沼垂運転区に移管

　1986(昭和61)年11月1日、国鉄時代最後の時刻改正が実施された。「白鳥」は列車番号が5001M・5002Mに変更となった。「白鳥」は曲線・分岐器通過速度の改善により下りが21分スピードアップし、所要時間は13時間丁度に短縮された。上りも11分スピードアップとなった。

・5001M「白鳥」　大阪10：40 → 青森23：40
・5002M「白鳥」　青森 4：50 → 大阪18：01

　向日町運転所では「雷鳥」が1往復増発となり、485系の"だんらん"連結の10輌編成7本は、改正前と同じく「雷鳥」7往復に使用されたが、運用の一部が変更され1往復は新潟へ足を延ばすようになった。残りはT'車が抜けた6M3Tの9輌編成となり、9本使用で「雷鳥」10往復(うち季節2往復)に運用された。485系電車の配置は196輌で、運用本数が減少したのは「雷鳥」2往復および「白鳥」1往復を上沼垂運転区に、また「北越」は金沢運転所に移管したためである。

　一方、新潟運転所では上越新幹線の開業により在来線の特急「とき」はその使命を譲り、特急型電車の配置がなくなっていた。1986(昭和61)年11月1日改正で

■編成図11　1986(昭和61)年11月1日改正

←大阪　　　　　　　　　　　　　　　　　→青森

①	②	③	④	⑤	⑥	⑦	⑧	⑨
クハ481	モハ484	モハ485	サロ481	モハ484	モハ485	モハ484	モハ485	クハ481

(新潟～青森間逆編成)　　　　　　　　　　(新カヌ)

は、車両の使用効率向上を目的に車両の大移動が実施され、新潟運転所上沼垂支所を上沼垂運転区に改め新たに特急基地として再生し、485系72輌が配置された。国鉄分割・民営化を控え、日本海縦貫線では485系の基地が金沢から秋田までなかったため新たに基地を設置したものと考えられる。

　上沼垂には青森から5輌、秋田から14輌、勝田から3輌、向日町から45輌が転属してきた。これらは6M3Tの9輌編成8本によりA191～A197の運用で大阪～青森間「白鳥」1往復、大阪～新潟間「雷鳥」2往復(3・13・18・30号)、「北越」1往復(3・8号)を受け持つことになった。長岡では「白鳥」1往復、「雷鳥」3往復、「北越」6往復の合計10往復が新幹線の接続特急となった(編成図11)。

クハ481形1500番代を先頭に大阪へ向かう5002M。1500番代は全車JR東日本に承継され、「白鳥」とは縁が深い車輌となった。
1987.6.1　五十川－あつみ温泉　P：久保田久雄

6. JR発足後の「白鳥」

■「はまなす」との接続開始

1988(昭和63)年3月13日、青函トンネル開業を機会に、JRグループ最初の全国時刻大改正が実施された。「白鳥」は青森～札幌間急行「はまなす」と接続するため、列車の配列を改め、下りは繰り上げ、上りは繰り下げとなった。

・5001M「白鳥」 大阪9：55 → 青森22：51
・5002M「白鳥」 青森5：52 → 大阪18：44

このルートによる大阪～札幌間の所要時間は20時間23分で、「白鳥」は運転開始時の"36-10"改正より約5時間も短縮されたことになったが、もはや鉄道の時代ではなかった。車輌は引き続き上沼垂運転区の485系9輌編成で運転された。

翌1989(平成元)年3月11日の時刻改正では、上り列車のみ短縮され、次の時刻となった。

・5001M「白鳥」 大阪9：55 → 青森22：51
・5002M「白鳥」 青森5：52 → 大阪18：38

上沼垂運転区の485系は老朽化しているため1988(昭和63)年11月からリニューアルが開始された。新塗色は新潟オリジナルのアイボリーをベースに裾に青と緑の帯を巻いたものである。同時にグリーン車は2＆

富山駅に入線する上り5002M大阪行「白鳥」。
1993.7.27 富山 P：三宅俊彦

1シートに改善、普通車は指定席車のみフリーストップ式のリクライニングシートに改善(自由席はシートモケットを交換)するグレードアップ編成が登場した。

この改正ではグレードアップ編成はA181～A182の運用で大阪～新潟間「雷鳥13・42号」の1往復、金沢～新潟間「北越3・10号」の1往復に限定され、そのほかA191～A195の運用で「白鳥」「雷鳥」1往復で運転された。したがって「白鳥」はグレードアップ編成の日と一般車の日の混運用となっていた。新潟色の「白鳥」はたちまち斬新な塗色から人気を博した。

「あずさ」用183系に続いてグレードアップ改造が開始された上沼垂運転区の485系。クハ481-1505先頭の5002M。
1990.9.16 藤島－鶴岡 P：久保田久雄

クハ481-27先頭の5002M。もともと東北本線盛岡電化用として製造されたベテランのボンネット型先頭車も新塗色化された。
1992.11.5 本楯－酒田 P：久保田久雄

■毎日グレードアップ編成に

1990(平成2)年3月10日の時刻改正では、グレードアップ編成が5本となり、「白鳥」、大阪～新潟間「雷鳥13・44号」の1往復、金沢～新潟間「北越3・10号」の1往復に使用本数が増加し、「白鳥」は毎日グレードアップ編成で運転するように改善された。

1991(平成3)年3月16日の時刻改正では、北陸方面の特急列車はこれまで大阪発は毎時25・55分であったが、今改正で東海道新幹線のダイヤに合わせてシフトさせ毎時10・40分にパターン変更された。上り列車にパターンの変更はない。また上り・下りとも19分のスピードアップにより次の時刻となった。

・5001M「白鳥」 大阪10：10 → 青森22：47
・5002M「白鳥」 青森 6：11 → 大阪18：38

上沼垂運転区の485系はグレードアップ編成が8本となり、A181～A187の運用で「白鳥」、大阪～新潟間「雷鳥13・23、32・44号」の2往復、金沢～新潟間「北越1・6号」の1往復に使用本数が増加した。

1993(平成5)年3月18日の時刻改正では、上沼垂運転区の485系は特急「雷鳥」「白鳥」の間合いに米原～大阪間の4721M・4722M「びわこライナー」にも運用されるようになった(休日は運休で回送)。

■京都総合車両所へ移管、そして廃止へ

1993(平成5)年12月1日の時刻改正では、特急「白鳥」は従来の時刻のままだが、列車番号はこれまで全区間5001M・5002Mであったのが、新潟～青森間は5011M・5012Mに変更され、下りは5001M～5011M、上りは5012M～5002Mと改められた。

1996(平成8)年4月20日の時刻改正では、特急「白鳥」は下り2分・上り3分短縮し、次の時刻となった。

・5001M～5011M「白鳥」 大阪10：12→青森22：47
・5012M～5002M「白鳥」 青森 6：11→大阪18：35

1997(平成9)年3月22日の時刻改正では、秋田新

岩木山を背に走る5012M上り「白鳥」。1993年12月改正では向日町運転所が改称した京都総合車両所に再び移管された。なお、青森～大阪間の到達時分はこの写真の頃の上り列車の12時間24分が歴代最速であった。　　　　　1997.7.1　弘前－石川　P：久保田久雄

幹線、北越急行開業に伴い、485系の運用が大幅に見直された。上沼垂運転区の485系は「いなほ」9往復、「はくたか」1往復、新潟「雷鳥」2往復となり、特急「白鳥」は京都総合車両所（京キト）に、米原～大阪間の「びわこライナー」は金沢総合車両所へ移管された。京都総合車両所（京キト）は1996（平成8）年3月16日、向日町運転所から改称された区所で、5001M～5011M「白鳥」は改正前日の3月21日から京キト車での運用が開始された。京都の485系9輌編成は9本あり、A151～A157で「白鳥」1往復および大阪～富山間「雷鳥」6往復に運用された（編成図12）。なお新潟「雷鳥」は上沼垂運転区に移管されている。

これで「白鳥」は約8年にわたりお世話になった新塗色から伝統の国鉄特急色にカムバックした。

1998（平成10）年12月8日の時刻改正では、特急「白鳥」は下りのみ12分ダウンし次の時刻となった。

・5001M～5011M「白鳥」大阪10：12→青森22：59
・5012M～5002M「白鳥」青森 6：11→大阪18：35

1999（平成11）年12月4日の時刻改正では、特急「白鳥」は上りのみ31分ダウンし次の時刻となった。

・5001M～5011M「白鳥」大阪10：12→青森22：59
・5012M～5002M「白鳥」青森 6：11→大阪19：06

そして2001（平成13）年3月3日の時刻改正では、関西～北陸間を結ぶ昼行の特急列車は485系「雷鳥」と681・683系による「サンダーバード」に統一され、日本海縦貫線の昼行の特急列車のひとつであった「白鳥」は廃止となり、大阪～金沢間「サンダーバード」、金沢～新潟間「北越」、新潟～青森間は「いなほ」に系統分割された。

運転開始から約40年を経て、昼行の特急では最長の運転距離1040.0km、航空機利用ならばアクセスを含めて3時間足らずで到達できる都市間を、12時間47分を要する特急列車では最早勝負にはならなかった。

筆者は廃止2日前の5001Mに大阪～金沢間で乗車した。この日の「白鳥」は1ユニット増結した11輌編成で運転されていたが、大阪駅は「白鳥」の廃止よりユニバーサルスタジオジャパンのオープンの方で大混雑であった。

■編成図12　1997（平成9）年3月22日改正

←大阪　　　　　　　　　　　　　　　　　　→青森

①	②	③	④	⑤	⑥	⑦	⑧	⑨
クハ481	モハ484	モハ485	サロ481	モハ484	モハ485	モハ484	モハ485	クハ481

（新潟～青森間逆編成）　　　　　　　　　　（京キト）

運用表6　1997(平成9)年3月改正　京都総合車両所485系9輌編成運用図表

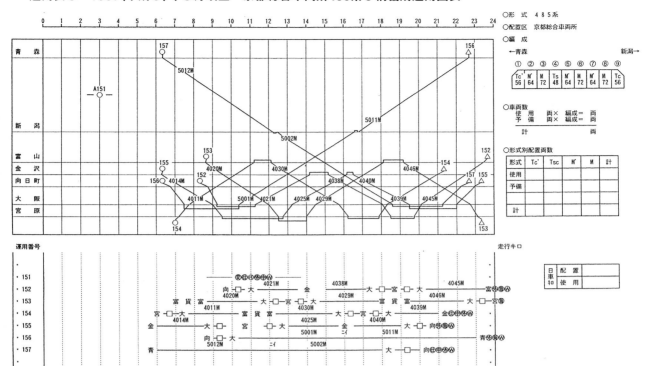

■表1　大阪〜青森間特急「白鳥」到達時分の変遷

改正年月日	キロ程	大阪〜青森間				備考
		下り列車		上り列車		
		所要時分	表定速度(km/h)	所要時分	表定速度(km/h)	
1961.10.1	1052.9	15時間45分	66.9	15時間52分	66.4	時刻大改正、気動車特急「白鳥」新設
1962.6.10	1045.8	15時間35分	67.1	15時間47分	66.3	北陸トンネル開通、福井電化完成
1963.10.1	〃	15時間32分	67.3	15時間47分	66.3	時刻改正
1964.12.25	〃	15時間32分	67.3	15時間47分	66.3	富山電化完成、大阪〜富山間電車特急「雷鳥」新設
1965.10.1	1062.3	15時間35分	68.2	16時間00分	66.4	糸魚川電化完成、特急「白鳥」は新潟経由に変更
1966.11.1	〃	15時間35分	68.2	16時間00分	66.4	電車特急「雷鳥」増発
1968.10.1	〃	15時間10分	70.0	15時間23分	69.1	時刻大改正、米原〜金沢間120km/h運転
1969.10.1	1059.5	15時間00分	70.6	15時間18分	69.2	北陸本線全線複線電化完成、電車特急「北越」新設
1971.10.1	〃	14時間55分	71.0	15時間03分	70.4	奥羽本線秋田〜青森間電化完成
1972.3.15	〃	14時間40分	72.2	14時間35分	72.7	時刻大改正
1972.10.2	〃	13時間40分	77.5	13時間58分	75.9	気動車特急「白鳥」を電車化
1975.3.10	1040.0	13時間30分	77.0	13時間35分	76.6	時刻大改正、湖西線全面開業、特急は湖西線経由に変更
1978.10.2	〃	13時間32分	76.8	13時間35分	76.6	時刻改正
1982.11.15	〃	13時間56分	74.6	13時間35分	76.6	時刻大改正
1985.3.14	〃	13時間21分	77.9	13時間22分	77.8	時刻大改正
1986.11.1	〃	13時間00分	80.0	13時間11分	78.9	時刻大改正
1988.3.13	〃	12時間56分	80.4	12時間52分	80.8	時刻大改正、青函トンネル開通
1989.3.11	〃	12時間56分	80.4	12時間46分	81.5	時刻改正
1991.3.16	〃	12時間37分	82.4	12時間27分	83.5	時刻改正
1996.4.20	〃	12時間35分	82.6	12時間24分	83.9	時刻改正
1998.12.8	〃	12時間47分	81.4	12時間24分	83.9	時刻改正
1999.12.4	〃	12時間47分	81.4	12時間55分	80.5	時刻改正

青森行急行「きたぐに」を牽引するDD51 16が待つ今川信号場を駆け抜ける4002D上り「白鳥」。
1972.5.21　今川(信)　P：服部重敬

7. 東北新幹線八戸開業後の「白鳥」

　大阪〜青森間の特急として約40年走った「白鳥」であったが、2002(平成14)年12月1日、東北新幹線八戸開業を機会にその名前が復活した。2016(平成28)年3月26日の北海道新幹線の開業まで、その時々の軌跡を振り返って見よう。

■「白鳥」北へ

　2002(平成14)年12月1日、東北新幹線盛岡〜八戸間が開業した。東北新幹線から在来線の北海道などへの接続は1982(昭和57)年の盛岡からずっと変わらなかったが、実に20年ぶりに八戸に変更となった。これを機会に、拙著RM LIBRARY205『「はつかり」「はくつる」の時代』でも述べているように東北新幹線には「はやて」が誕生し、在来線では特急「スーパー白鳥」「白鳥」、そして「つがる」の名称が復活した。一方では長年東北特急として活躍した「はつかり」「はくつる」の名称が姿を消した。

　1961(昭和36)年に誕生の「白鳥」は新潟県の瓢湖に渡来する「白鳥」が命名の由来であったが、復活した「白鳥」は北海道の大沼に渡来するものが由来とされている。これは本州と北海道を結ぶ特急のイメージにふさわしいと言う理由で、一般公募の順位では11位であったものの選出された。青森〜函館間の快速「海峡」7往復も全て廃止になり、八戸〜青森〜函館間は「スーパー白鳥」4往復、「白鳥」5往復の体制となった。改正前は「はつかり」「海峡」の乗継ぎを含め11往復であったのにくらべ2往復の削減になった。新幹線「はやて」、特急「スーパー白鳥」のネットワークで東京〜青森間は28分短縮の最短3時間59分に、東京〜函館間は60分短縮の最短5時間58分に大幅に短縮された。

始発駅八戸で東北新幹線からの乗り換え客を待つ函館行「白鳥」。JR東日本では「白鳥」には「はつかり」用だった車輌のうち485系3000番代を使用し、E751系は「つがる」用となった。
2008.6.7　八戸　P：合田逢夫

　「スーパー白鳥」はJR北海道函館運輸所配置の新系列である789系電車が投入された。789系電車は2000(平成12)年に運転開始された「スーパー宗谷」用のキハ261系に準拠した車体で、JR北海道のコーポレートカラーとなっているグリーンをベースとした車体の色は"乗った時から北海道"の旅心を感じさせるコンセプトになっていた。客室は1号車がクロハ789形で、グ

新幹線連絡特急として「はつかり」が生まれ変わる形で誕生した「スーパー白鳥」。JR北海道としては初の津軽海峡線用の電車である789系を投入した。
2003.7.11　函館　P：三宅俊彦

リーン室は牛革張りのシートを使用しており、重厚さが感じさせた。これに対し普通車はグリーン系とレッド系の2種あり、どちらも明るい室内を醸し出していた。当初は、HE-100編成（4本）のクロハ789＋モハ788と、HE-200編成（5本）のモハ789＋モハ788＋クハ789の組み合わせで5輌編成（増結時8輌）で運用された。

一方「白鳥」はそれまでの「はつかり」で使用されてきた青森運転所の485系3000番代6輌編成5本が引き続き運用された。多客期は電動車2輌を増結し8輌編成とした。なお青森運転所は2004（平成16）年4月1日、区所名を青森車両センターに変更している（編成図13）。

■東北新幹線全通

その後「スーパー白鳥」は本州内において混雑が激しいため、2005（平成17）年12月にクロハ789＋モハ788＋サハ789を1ユニット、サハ789形を5輌、モハ788＋クハ789を2ユニット増備した。これによりHE-100編成はクロハ789＋モハ788＋サハ789を5本として、2ユニットのモハ788＋クハ789はHE-300編成とされた（編成図14）。2006（平成18）年3月18日改正からは、基本が6輌編成、多客期は2輌増結した8輌編成で運用された。また「スーパー白鳥」上り1本、「白鳥」下り1本が増発された。

2010（平成22）年12月4日、東北新幹線八戸～新青森間が開業し、東北新幹線は全通した。これにより北海道連絡は新青森で乗り換えとなった。新青森～函館間「スーパー白鳥」はJR北海道の789系6輌編成を8往復に運用、休車になっていた785系2輌が789系増結用に改造され、NE-303編成として運用されるようになった。「白鳥」はJR東日本の485系3000番代6輌編成（増結時8輌）2往復（他に臨時列車に運用）の陣容となった。また「白鳥」は「スーパー白鳥」とクロハの位置を揃えるため方向転換を実施している（編成図15）。その後、2011（平成23）年4月には789系HE-100編成・HE-200編成が各1本増備された。

■北海道連絡の使命を果す

2016（平成28）年3月26日、北海道新幹線新青森～新函館北斗間が開業。これにより青函トンネルを抜ける特急「スーパー白鳥」「白鳥」、急行「はまなす」はすべて廃止となった。

この開業区間では青函トンネルを含む新中小国信号場～木古内間が在来線と新幹線の共用区間となることから、JR北海道では、北海道新幹線開業準備の最終

■編成図13　2002（平成14）年12月1日改正
●「スーパー白鳥」
←八戸・函館　　　　　　　　　　　　　　→青森

①	②	③	④	⑤	⑥	⑦	⑧
クロハ789	モハ788	モハ789	モハ788	クハ789	モハ788	モハ788	クハ789

（函ハコ）

●「白鳥」
←八戸・函館　　　　　　　　　　　　　　→青森

①	②	③	④	⑤	⑥	⑦	⑧
クハ481	モハ484	モハ485	モハ484	モハ485	モハ484	モハ485	クロハ481

（盛アオ）

■編成図14　2006（平成18）年3月18日改正
●「スーパー白鳥」
←八戸・函館　　　　　　　　　　　　　　→青森

①	②	③	④	⑤	⑥	⑦	⑧
クロハ789	モハ788	サハ789	モハ788	モハ789	モハ788	モハ788	クハ789

（函ハコ）

■編成図15　2010（平成22）年12月4日改正
●「白鳥」
←新青森・函館　　　　　　　　　　　　　→青森

①	②	③	④	⑤	⑥	⑦	⑧
クロハ481	モハ485	モハ484	モハ485	モハ484	モハ485	モハ484	クハ481

（盛アオ）

段階として、開業直前に地上設備最終切替の事前確認のため2015（平成27）年12月31日～2016（平成28）年1月2日の間、蟹田～釜谷間の旅客列車を運休とした。そして開業直前の2016（平成28）年3月22～25日は「地上設備最終切替」に伴い、蟹田～木古内間の列車を運休とした。このため特急「スーパー白鳥」「白鳥」の最終運行は2016（平成28）年3月21日であった。これにより、2002（平成14）年12月の運転開始以来、13年余で「白鳥」は新幹線へバトンを渡したのである。

789系に掲出された「スーパー白鳥」のヘッドマーク。函館近くの駒ヶ岳と大沼に飛来する白鳥をデザインしたものであった。
2002.9.20　P：RM

おわりに

　本書は、「白鳥」が2001(平成13)年3月3日のダイヤ改正で、大阪〜青森間の舞台から飛び去ろうとする直前、『RailMagazine』209号(2001年2月号)に掲載した拙著「「白鳥」40年の軌跡」をもとに、東北新幹線八戸開業後から北海道新幹線開業前までの「スーパー白鳥」「白鳥」の動きを加筆するとともに、全体の修正や新しい写真などを加えて再構成したものである。

　「白鳥」は、誕生した1961(昭和36)年当時には、関西〜東北・北海道間や首都圏〜北陸間など長距離の地域間輸送に貢献していたが、航空機輸送、新幹線輸送の整備が進むにつれ、「白鳥」の使命は次第に薄れ揺らいでいった。

　車輌面では、日本海縦貫線全線電化後は485系が投入された。「白鳥」は運転区間が長大なため、直流1,500V→交流20,000V(60Hz)→直流1,500V→交流20,000V(50Hz)と電気方式がめまぐるしく変わることになったが、485系の最大の特徴ともいえた3電源対応の能力を発揮できた列車は、この「白鳥」が唯一であった。とは言え、10時間を超える運転時間に対して、グリーン車2輌と食堂車だけが特徴の編成では他の列車と大差はなく、やがて効率的で汎用性のある運用が求められるようになると、さらに魅力は薄れていってしまった。1日片道だけの運用となる「白鳥」では効率が悪かったという側面もあったが、大阪〜青森間の「白鳥」用として特別な車輌が生まれなかったのは、なんとも残念であった。

　最後に在来線としては昼行の長距離特急の最後の牙城を守ってきた「白鳥」に、大きな拍手を送ろう。

三宅俊彦(鉄道友の会会員)

● 主要参考文献
- 「列車ダイヤの変遷」(1971年3月　国鉄金沢鉄道管理局)
- 「主要気動車列車編成順序表」(1964・10、国鉄本社運転局・営業局)
- 「特急・急行・準急気動車列車編成順序表」
  (1965・10、国鉄本社運転局・営業局)
- 「優等気動車列車編成順序表」(1968・10、国鉄本社運転局・営業局)
- 昭和47年10月時刻改正に伴う「列車移り変わり方」
  (1972・10 国鉄本社運転局・旅客局・貨物局・船舶局)
- 「主要電車列車編成順序表及び同運用図表」(1972.10／1973.10／1975.3／1978.10／1980.10／1982.11／1984.2／1985.3／1986.11、国鉄本社運転局・営業局)
- 「車両運用表」(1989.3／1990.9／1991.4／1993.3／1994.12／1995.5／1995.12／1996.3／1997.3／1998.12／2000.3／2000.12、東日本旅客鉄道運輸車両部)

秋田駅に入線する運転開始当日の上り2002M「白鳥4号」福井行。
1982.11.15　秋田　P：三宅俊彦